Holland Journaal

Holland Journaal

Jan Vermeer
Jacques Wesselius

Van Holkema & Warendorf

Pagina 6:

Amsterdam

Koninklijk Theater Carré

Royal Theatre Carré

Postbus 97, 3990 DB Houten

www.unieboek.nl

Omslagontwerp: ADM International BV, Amsterdam

Fotografie: Jan Vermeer

Aquarellen omslag en binnenwerk: Jacques Wesselius

Vormgeving binnenwerk: Pieter en Kasper van Delft, ADM International BV

Tekst: Simone de Winter

Vertaling: Joke Bloem, Sam Garrett

ISBN 90 269 2580 8

NUR 508

Waddeneilanden
Louwersoog
Groningen
Leeuwarden
Sneek
Assen
Hindeloopen
Giethoorn
Enkhuizen
Staphorst
Hoorn
Alkmaar
Zwolle
Lelystad
Marken
Haarlem
AMSTERDAM
Schiphol
Almere
Keukenhof
Leiden
Amersfoort
Utrecht
Madurodam
Den Haag
Gouda
Hoge Veluwe
Delft
Rotterdam
Nijmegen
Dordrecht
's-Hertogenbosch
Breda
Nuenen
Middelburg
Maastricht

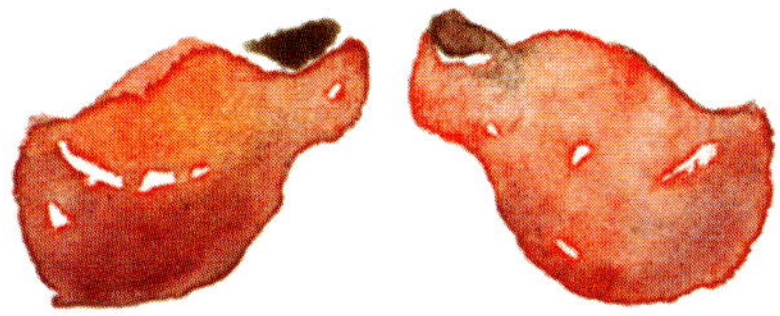

Ga mee op reis door Nederland en ontdek de afwisselende landschappen, de kleine dorpen, de stadjes en de steden. Geniet van een land met vele gezichten. We beginnen in de hoofdstad Amsterdam, doorkruisen alle provincies en eindigen bij de Waddeneilanden. U kunt de notitiepagina's gebruiken voor uw eigen indrukken om van het Holland Journaal een persoonlijk reisverslag te maken.

Join us on our trip through Holland and discover the country's varied landscapes, its little villages, towns and cities. Enjoy a country with many facets. We'll start in the capital city of Amsterdam, cross all the provinces and end on the Frisian Islands. You can use the blank pages to jot down your own impressions and personalise your Holland Journal.

De middeleeuwse Montelbaanstoren in Amsterdam.

The medieval Montelbaans Tower in Amsterdam.

De grachten met de talloze bruggetjes bepalen het karakter van Amsterdam.

The canals with their countless bridges lend Amsterdam its distinctive appearance.

De beroemde zeventiende-eeuwse schilder Rembrandt woonde en werkte in Amsterdam.

The famous seventeenth-century painter Rembrandt lived and worked in Amsterdam.

Magere Brug

'Magere' Bridge

De Sint-Nicolaaskerk, 't Kolkje.

The Sint-Nicolaas Church.

Leidseplein

Koepelkerk / The Koepel Church

NOTITIES / NOTES

Het Koninklijk Paleis was vroeger het stadhuis. Het werd na de Tachtigjarige Oorlog gebouwd als symbool voor de zege op de Spanjaarden.

The Royal Palace used to be the town hall. It was built after the Eighty Year's War as a symbol of the victory over the Spaniards.

Meer dan honderd grachten:
ideaal voor een boottocht.
More than one hundred
canals; ideal for a boat trip.

Als de grachten bevroren zijn, binden de Amsterdammers hun schaatsen aan.

When the canals are frozen, the people of Amsterdam put on their skates.

KLM
KLM

Onder de rook van Amsterdam ligt de internationale luchthaven Schiphol. Eenmaal voet op Nederlandse bodem is de fiets het ideale vervoermiddel om stad en platteland te verkennen.

Schiphol International Airport is located just outside Amsterdam. After your arrival, the bicycle is the ideal way to explore the city and the countryside.

Nederland is een van de belangrijkste leveranciers van bloembollen met een aandeel van 92% op de wereldmarkt.

Holland is one of the world's major suppliers of flower bulbs, accounting for 92% of the world market.

NOTITIES / NOTES

In de lente kleuren de bollenvelden het vlakke landschap en verrassen de miljoenen bloeiende bloemen de bezoekers van de Keukenhof met hun bedwelmende geur en hun felle kleuren.

In spring, the bulb fields colour the flat landscape, and millions of flowers enchant visitors to the 'Keukenhof' with their intoxicating scent and bright colours.

De Grote Markt: hét ontmoetingspunt voor Haarlemmers.

The 'Grote Markt': the meeting point for the citizens of Haarlem.

De olifant
The elephant

De Gravenstenenbrug overspant het Spaarne. Aan de oever ligt het Teylers museum, het eerste openbare museum van Nederland.

The Gravenstenen Bridge spans the River Spaarne. Along the quay you will find the Teylers Museum, the oldest public museum in Holland.

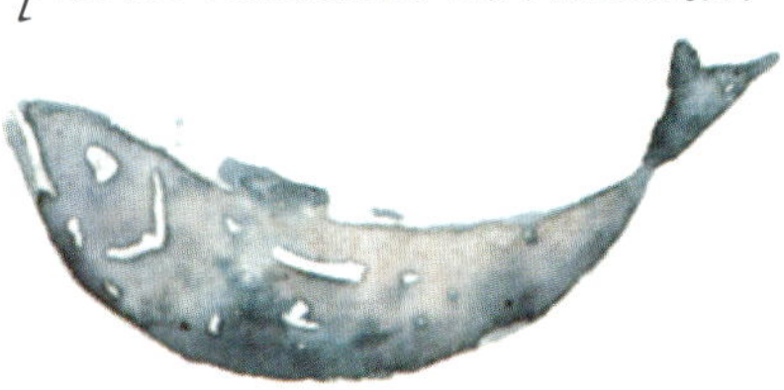

Als het warm genoeg is, stromen de stranden vol.
When the sun comes out, the beaches become the place to be.

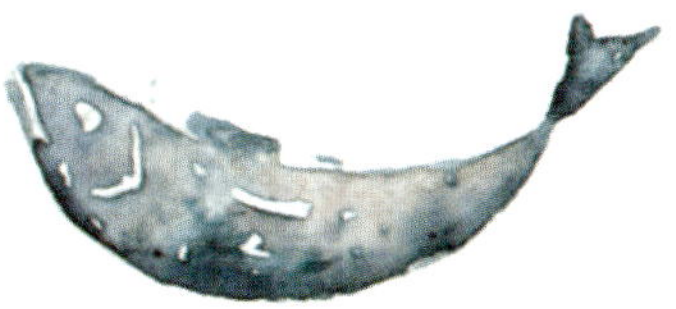 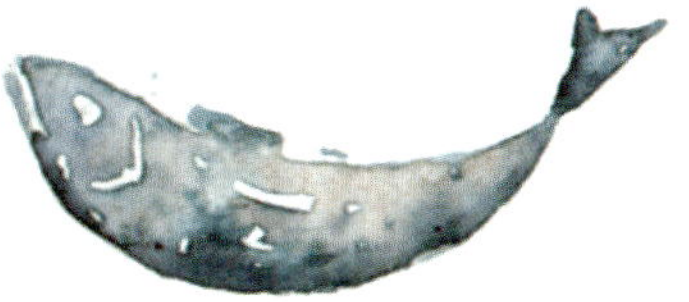

NOTITIES / NOTES

Klompen, het oer-Hollandse schoeisel, worden op het platteland nog altijd gedragen. Sporadisch worden ze nog met de hand gemaakt.

Clogs, the typical Dutch footwear, are still worn in rural areas. They are still occasionally made by hand.

Op de wekelijkse kaasmarkt in Alkmaar worden de kazen op traditionele wijze gewogen en verhandeld.

Cheeses are traditionally weighed and sold on the weekly cheese market in Alkmaar.

De Waag geeft Alkmaar een pittoresk uiterlijk.

The 'Waag' gives Alkmaar its picturesque appearance.

Laag voor laag wordt het riet op het dak gelegd, gespreid, bewerkt en vastgebonden.

Layer by layer the reed thatch is spread, cut and tied to the roof.

De zeventiende-eeuwse houten huisjes: typerend voor dit gebied.

Seventeenth-century wooden houses; typical of the 'Zaanstreek'.

Since 1532, the Main Tower has been guarding the harbour entrance of the former trading town of Hoorn. Many buildings and warehouses here serve as reminders of the days of the Dutch East India Company.

Sinds 1532 wordt de haveningang van het vroegere handelsstadje Hoorn bewaakt door de Hoofdtoren. Veel panden en pakhuizen in de stad herinneren aan de VOC-tijd.

In het waterrijke Nederland met al zijn meren, rivieren en kanalen komt de natuurliefhebber en watersporter volop aan zijn trekken.

With its many lakes, rivers and canals, Holland is a paradise for nature lovers and water-sport enthusiasts.

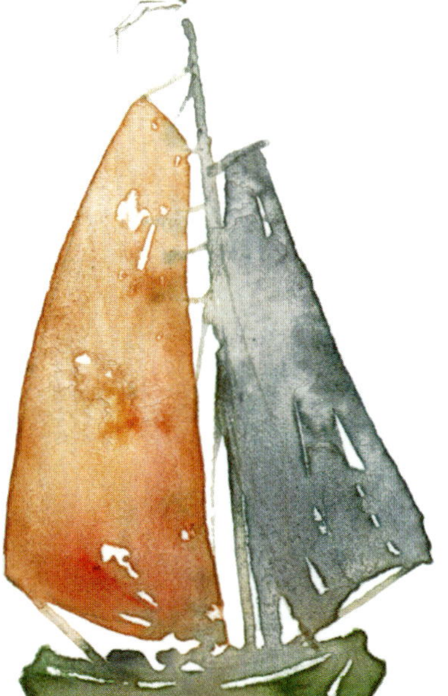

HOORN

Louwersoog

Fishing was once the most important livelihood in Enkhuizen; nowadays, tourism is the main source of income.

Vroeger leefde men in Enkhuizen van de visserij, tegenwoordig is het toerisme de belangrijkste bron van inkomsten.

Friesland heeft een eigen identiteit die voornamelijk wordt bepaald door de tweetaligheid. Fries en Nederlands worden naast elkaar gebruikt.

Friesland's special identity is due in large part to its bilingualism. Here, Frisian and Dutch are spoken interchangeably.

Het houten klokkentorentje van Hindeloopen en de waterpoort van Sneek leveren mooie plaatjes op.

The wooden bell tower of Hindeloopen and the water gate at Sneek are truly photogenic.

Het winderige Nederland is ideaal voor allerlei molens, zoals korenmolens, zaagmolens en watermolens. De meeste zijn nog altijd in gebruik.

Windy Holland is ideal for all sorts of windmills, such as flourmills, sawmills and water mills. Most of them are still in operation.

NOTITIES / NOTES

Universiteitsstad Utrecht met de 112 meter hoge Domtoren.

The university town of Utrecht with the 112-meter Dom Tower.

Langs de Vecht liggen de imposante buitenplaatsen die rijke Amsterdammers in de zeventiende en achttiende eeuw lieten bouwen om de stad te ontvluchten.

Alongs the River Vecht you'll find the impressive country retreats built by rich citizens of Amsterdam in the 17th and 18th centuries.

Paleis Het Loo met de door Marot aangelegde tuinen.
Het Loo Palace, with its gardens designed by Marot.

In 1661 belandde de Amersfoortse Kei door een weddenschap in de stad. Sindsdien viert Amersfoort jaarlijks de Keistadfeesten.

As part of a wager, the 'Amersfoortse Kei' - an enormous boulder - was brought into town in 1661. Since then, Amersfoort celebrates the 'Keistad' festival each year.

Jachtslot St. Hubertus, genoemd naar een man die erop los leefde tot hij een hert zag met een kruis in zijn gewei en tot inkeer kwam.

According to the legend, the St. Hubertus hunting lodge is named after a man who led a wild life, until he saw a deer with a cross in its antlers and repented.

De Veluwe is een prachtig natuurreservaat vol wild, bijzondere vogels, vlinders en paddestoelen. Met een beetje geluk krijgt de wandelaar herten, moeflons en wilde zwijnen in het vizier.

The Veluwe is a magnificent nature reserve full of wildlife, rare birds, butterflies and toadstools. With a bit of luck, the hiker may spot deer, mouflons and wild boar.

Vanuit een punter is Giethoorn, 'Groen Venetië', op z'n mooist.

Giethoorn, also known as the 'Green Venice', is at its best when seen from a punt.

De groen-blauw beschilderde boerderijtjes in het strenggelovige Staphorst.

The green and blue farmhouses of the staunchly religious town of Staphorst.

De tijd staat stil... Time stands still...

Met de uitgestrekte heidevelden, oude ambachten en hunebedden, ademt Drenthe een oersfeer uit.

With its broad moors, old crafts and prehistoric tombs, Drenthe has an ancient air.

GOUDA

We verlaten het oosten en maken een sprong naar de steden van het westen. Gouda staat vooral bekend om zijn kaas en kaarsen.

Now we leave the east and skip to the towns of the west. Gouda is best known for its cheese and candles.

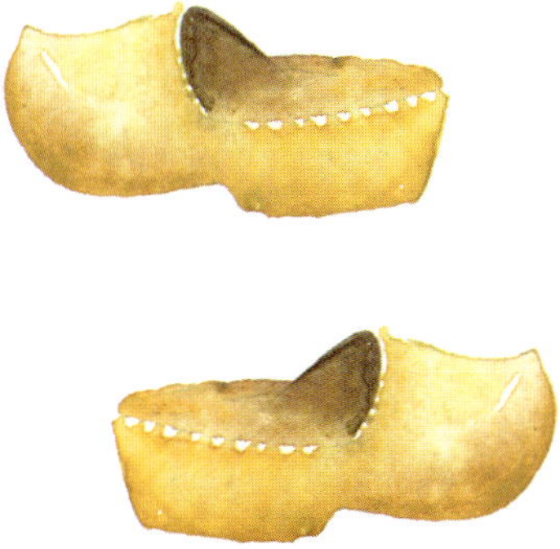

Marktdag in Gouda

Market day in Gouda

Tijdens de jaarlijkse 'Kaarsjesnacht' worden het Stadhuis en het plein door duizenden kaarsen verlicht.

On the annual 'Night of the Candles', the town hall and the square are illuminated by thousands of candles.

Het aristocratische Den Haag is de woonplaats van de Koningin en de zetel van de regering. In het nabijgelegen miniatuurstadje Madurodam is Nederland op schaal te zien.

The aristocratic city of The Hague is the Queen's official residence and the seat of government. In the nearby miniature town of Madurodam, Holland can be visited on a Lilliputian scale.

Leiden

Na een langdurige belegering door de Spanjaarden werd Leiden in 1574 ontzet...

Leiden was liberated after a long siege by the Spaniards in 1547...

...als beloning voor hun uithoudingsvermogen kregen de Leidenaren een universiteit.

... as a reward for their endurance, the people of Leiden were granted a university.

NOTITIES / NOTES

Als het ijs sterk genoeg is, worden er in Friesland spontaan arrenslee-wedstrijden georganiseerd.

When the ice is thick enough in Friesland, the locals organise spontaneous sleighing races.

Overal worden tochten door het winterlandschap uitgezet.
Skating trips are mapped out everywhere in the winter landscape.

Trapgevels, klokgevels,
lijstgevels, halsgevels...
Tijdens een stadswandeling
zijn ze allemaal te zien.

Stepped gables, Dutch gables,
framed gables, neck-gables...
Regular sights on any walk
through town.

GEVELTJES / GABLES

De magistrale 'Sint-Jan' in ´s-Hertogenbosch is de grootste en mooiste kathedraal van Nederland.

The majestic 'Sint Jan' in 's-Hertogenbosch is Holland's largest and finest cathedral.

De Nuenense periode van Vincent van Gogh was erg vruchtbaar. Behalve boerderijen en wevers schilderde hij zijn 'Aardappeleters' in Nuenen.

Vincent van Gogh's 'Nuenen' period was very productive. Here he not only painted farms and weavers, but also his famous 'Potato Eaters'.

Vakwerkhuizen in het heuvellandschap van Limburg.

Half-timbered houses in the hilly countryside of Limburg.

Aan de Waal ligt Nijmegen, een van de oudste steden van Nederland.

Nijmegen, on the River Waal, is one of the oldest towns in Holland.

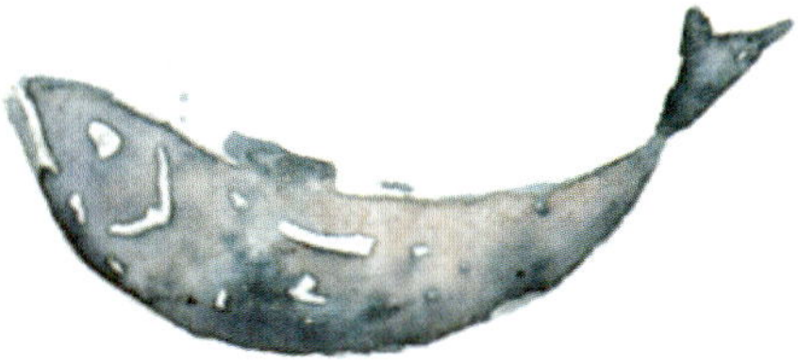

Na de watersnoodramp van 1953 lijkt de strijd tegen het water gewonnen dankzij de aanleg van de Deltawerken.

Thanks to the Delta Works project, built after the gigantic flood of 1953, the Dutch battle against the sea seems to have been won for good.

In een sierlijke boog liggen de zeven waddeneilanden in een uniek natuurgebied, de Waddenzee.

The elegant curve of the seven Frisian islands is situated in a unique nature reserve, the 'Waddenzee' shallows.